Ma santé

J'ai une vie saine

Sally Hewitt

Texte français d'Hélène Rioux

Éditions
SCHOLASTIC

Catalogage avant publication de Bibliothèque et Archives Canada

Hewitt, Sally, 1949-
[Keeping healthy. Français]
      J'ai une vie saine / Sally Hewitt ; texte français d'Hélène Rioux.

(Ma santé)
Traduction de : Keeping healthy.
ISBN 978-1-4431-4961-7 (couverture souple)

      1. Santé--Ouvrages pour la jeunesse. 2. Condition physique--
Ouvrages pour la jeunesse. 3. Nutrition--Ouvrages pour la jeunesse.
I. Titre. II. Titre: Keeping healthy. Français.

RA776.H4914 2016   j613   C2015-904637-8

Conception graphique : Astwood Design

Édition publiée par les Éditions Scholastic, 604, rue King Ouest, Toronto (Ontario) M5V 1E1, avec la permission de QED Publishing.

Références photographiques :
Légende : h = en haut; b = en bas; g = à gauche; d = à droite; c = au centre; pc = page de couverture

iStock pc shironosov,

Shutterstock 4 2xSamara.com, 5hg Samuel Borges Photography, 5bd Anton Havelaar, 6b Ljupco Smokovski, 6-7 Monkey Business Images, 8-9 Anelina, 9hg Robyn Mackenzie, 9hd Yasonya, 9bd donfiore, 10 Nanette Grebe, 10-11 jordache, 12-13 Gladskikh Tatiana, 14-15 greenland, 16-17 Sergey Novikov, 16g Coprid, 16cg auremar, 16cd gorillaimages, 16d George Dolgikh, 17 stockyimages, 18 Lusoimages, 19b s_oleg, 20 Bronwyn Photo, 21 wavebreakmedia, 22 lukaszfus, 23g Thomas M Perkins

Les mots en **caractères gras** figurent dans le glossaire de la page 24.

5 4 3 2 1   Imprimé en Chine CP141   16 17 18 19 20

Table des matières

Ton corps

Ton corps est extraordinaire. Il te permet de penser et d'apprendre, de courir et de jouer.

Grâce à lui, tu peux voir, entendre, sentir, goûter et toucher des choses.

Pour aider ton corps
à grandir et à rester
en **santé**, tu dois en
prendre bien soin.

Je mange bien

La nourriture donne de l'**énergie** à ton corps.

Tu as besoin d'énergie pour tout ce que tu fais.

Il est important de manger et de boire suffisamment, sinon tu te sentiras vite fatigué.

8

Ton corps a besoin d'aliments frais. Les fruits et les légumes sont très bons pour toi.

« Miam **Miam** »

Bois beaucoup d'eau pendant la journée.

Je bouge beaucoup

Bouger t'aide
à garder tes
muscles et
tes os en santé.

Quand tu bouges,
ton **cœur** et tes
poumons travaillent
plus fort.

Ton sang circule plus vite
et tu respires plus d'air.

C'est amusant de bouger!
Tu peux marcher, courir, grimper
ou nager. Tu peux pratiquer des
sports et jouer à des jeux.

Je combats les microbes

Les microbes sont si petits qu'on ne peut pas les voir. Mais parfois, ils te rendent malade.

Si tu es malade, reste au chaud et repose-toi. Tu aideras ainsi ton corps à combattre les microbes et à guérir.

13

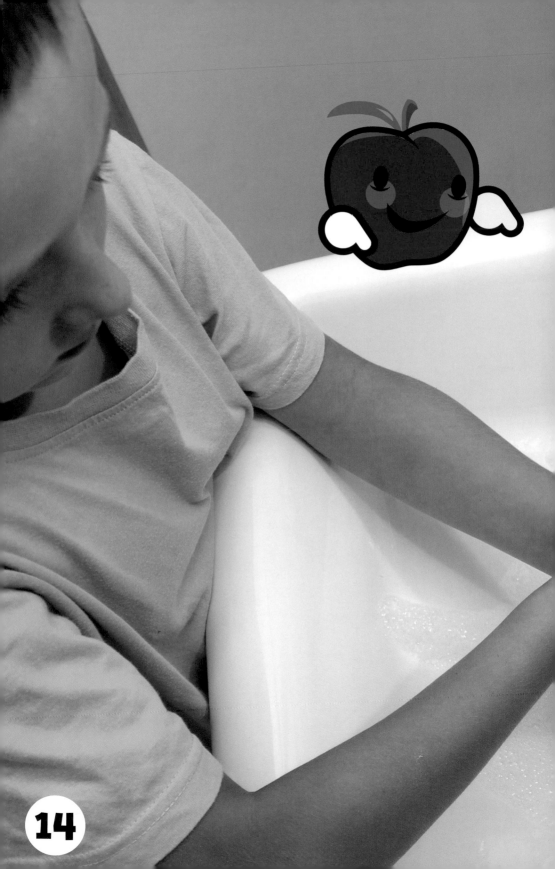

14

Les microbes se retrouvent souvent sur les mains.

Assure-toi de te laver les mains avant de manger.

Je joue dehors

Prendre le soleil et respirer l'air frais aide à rester en bonne santé. Mais comme le soleil très chaud peut te brûler la peau, mets de la crème solaire et porte un chapeau.

Quand il fait froid dehors, habille-toi bien chaudement avant de sortir.

Si tu as trop froid, tu vas grelotter!

Je me lave

Ton corps se salit
pendant la journée.

Un bain ou une douche
te débarrassent de la
saleté et des microbes.
Après t'être lavé,
tu te sentiras tout
frais et propre!

Brosse-toi les dents tous les matins et tous les soirs pour te débarrasser des microbes et des petits morceaux de nourriture.

Je dors bien

Ton corps travaille fort pendant la journée.

Tous les jours, tu penses, tu bouges, tu manges et tu grandis.

Quand tu dors, ton corps se repose. Il en a bien besoin après tout ce travail.

21

Pour rester en bonne santé, tu as besoin de dormir beaucoup.

Quand tu te lèves, tu es prêt pour une nouvelle journée.

Glossaire

Cœur   Ton cœur pompe le sang et l'envoie dans tout ton corps.

Énergie   Force dont ton corps a besoin pour bouger et grandir.

Poumons   Les poumons servent à respirer. Ils font entrer l'air dans ton corps et rejettent l'air usé.

Muscles   Parties de ton corps composées de fibres qui permettent à tes os de bouger.

Santé   Tu es en santé quand tu te sens bien et en forme.